NÜRTINGEN

IN ANSICHTEN

NÜRTINGEN

IN ANSICHTEN

STADT NÜRTINGEN

EIN STUMMER BEOBACHTER

DER TURM DER NÜRTINGER STADTKIRCHE HAT DEN ÜBERBLICK

Seit nahezu 500 Jahren hat er die Stadt fest im Blick. Gut sichtbar ragt der Turm der Nürtinger Stadtkirche St. Laurentius aus der Stadtsilhouette heraus. Zu ihm schauen die Menschen hinauf und er schaut vertrauensvoll auf sie hinunter. Er könnte manche Geschichten erzählen, von der Stadt zu seinen Füßen, die zwischen Teck und Neuffen so herrlich am Albtrauf gelegen ist…

Gerne blickt er hinüber zum Neckar. Der Fluss, der ständig in Bewegung ist, steht symbolisch für die ganze Stadt. Nürtingen, mit den Ortschaften Hardt, Neckarhausen, Raidwangen, Reudern und Zizishausen, ist eine lebendige Stadt mit über 40.000 Einwohnern. Immer mehr Radtouristen fahren durchs Neckartal und machen in Nürtingen Station, darauf ist unser Turm stolz. Die Stadt investiert in touristische Infrastruktur, der Reisemobilstellplatz auf dem Oberensinger Festplatz wird sehr gut angenommen.

Wenn viele Menschen in der Stadt sind, dann ist am Fuße des Turmes einiges los: Besonders schön findet er es, wenn sich an sonnigen Tagen die Menschen in der Altstadt treffen. Das bunte Stimmengewirr und ihr Lachen dringen bis hinauf zu ihm. Die Menschen sitzen in Weinstuben und Cafés – das gefällt unserem Turm. Er kann von hoch oben in jeden malerischen Winkel der liebevoll restaurierten Altstadt blicken.

Ganz früher (bis 1773) stand auf dem höchsten Punkt der Altstadt das herzogliche Schloss, das als Witwensitz des Hauses Württemberg genutzt wurde. Heute erinnert nur noch der Schlossbrunnen an die zweiflüglige Anlage. Im Gebäude Kirchstraße 17 wohnte von 1826 bis 1832 die Mutter Eduard Mörikes. Der Turm kennt die großen Nürtinger. Von Friedrich Hölderlin zu Peter Härtling und natürlich Harald Schmidt…

Besonders freut ihn, dass Peter Härtling seit 2004 Ehrenbürger von Nürtingen ist. Ein anderer Ehrenbürger von Nürtingen ist der Künstler Fritz Ruoff. Die 2003 gegründete Fritz-und-Hildegard-Ruoff-Stiftung in der Schellingstraße dient der Erhaltung und Pflege des künstlerischen Lebenswerkes von Fritz Ruoff und seiner Frau Hildegard. Die Sammlung Domnick meint nicht nur Ottomar Domnicks internationale Sammlung abstrakter Malerei und Plastik der Nachkriegszeit, sondern auch den ungewöhnlichen, unter Ensembleschutz gestellten Ort ihrer Präsentation. Der Mensch lebt nicht vom Brot allein. Deshalb mixen die städtische Kulturabteilung und eine Reihe Freier Träger einen bunten Kultur-Cocktail für jeden Geschmack. Die Stadthalle K3N ist das repräsentative Kultur- und Tagungszentrum im Herzen der Stadt.

Ein Stückchen weiter vorne sieht der Turm die Fußgängerzone, deren Mittelpunkt der unverwechselbare Ochsenbrunnen auf dem Schillerplatz ist. Mit ihren kleinen Parks, einladenden Plätzen und vielen Brunnen bietet die Innenstadt schönstes

Shoppingflair. Einfach mal bummeln und dabei den Blick in kleine Spezialitätenläden werfen? Hier findet man, was das Herz begehrt. Die Innenstadt wurde mit Millionenaufwand saniert. Zahlreiche städtische und private Investitionen haben zum jetzigen ansprechenden Erscheinungsbild des Zentrums beigetragen. Der Einkaufsstandort ist dadurch höchst attraktiv, die Infrastruktur ideal.

Feiern hat in Nürtingen eine lange Tradition. Beim Maientag, dem großen Fest der Schulen, ging es schon vor Jahrhunderten hoch her. Unser Turm hat eine wichtige Funktion beim Maientag: Denn nur wenn er schön beflaggt ist, ist das ein Zeichen dafür, dass der Festumzug auch stattfindet.

Die Nürtinger sind engagiert – das weiß auch unser Turm zu schätzen. Denn immer am zweiten Sonntag im Monat, da bekommt er jede Menge Besuch: Die Turmwächter laden zum Rundblick ein, sogar die Kirche ist für Besichtigungen geöffnet.

Bildung ist Zukunft, und sie hat in Nürtingen eine große Vergangenheit: Als Schüler begegneten sich in der seit 1481 nachweisbaren Nürtinger Lateinschule Friedrich Hölderlin und Friedrich Wilhelm Schelling. Investitionen in Erhalt, Erweiterung und Ausbau der Bildungseinrichtungen haben in der Schulstadt Priorität. Von der Grundschule bis zum Gymnasium wird das gesamte Bildungsspektrum abgedeckt. Aber auch für die Kleinsten wird in Nürtingen viel getan: So gibt es derzeit 23 Kindergärten, vier Kinderhäuser, Hort- und Kernzeitbetreuungsplätze sowie Angebote für unter Dreijährige. Familienfreundlichkeit ist Nürtingen wichtig.

Früher klapperten in Nürtingen die Stricknadeln, heute dringt nur mehr das Klackern der Absätze auf dem Kopfsteinpflaster der Altstadt zum Turm hinauf. Auch die grauen Dächer sind Vergangenheit, das Zementwerk ist längst geschlossen. In Nürtingen sind heute weltweit tätige Unternehmen aus den Bereichen Maschinenbau und Elektrotechnik ansässig. Immer bedeutender wird der aufstrebende Wirtschaftszweig der Dienstleistungen, für den Nürtingen hervorragende Ansiedlungsmöglichkeiten bietet.

In Nürtingen hat sich viel bewegt und wird sich weiterhin viel bewegen.
Der Turm bleibt, was er ist – ein stummer Beobachter...

INHALT

A SILENT OBSERVER

NÜRTINGEN'S CHURCH TOWER COMMANDS A VIEW OF EVERYTHING

It has kept a close eye on the town for almost 500 years. The tower of Nürtingen's St Lawrence church clearly juts out from the town silhouette. The people look up to it and its looks trustingly down upon them. It could recount many tales of the town at its feet, lying so wonderfully between the hills of the Teck and Neuffen on the edge of the Alb.

It casts a fond look over the Neckar. The river, in continual movement, is symbolic of the whole town of Nürtingen comprising the communities Hardt, Neckarhausen, Raidwangen, Reudern and Zizishausen – a lively town with over 40,000 inhabitants. Our tower is proud and pleased to see more and more bicycle tourists cycle through the Neckar valley and take a break in Nürtingen. The town is investing in the infrastructure for tourists; the camper van camping ground in Oberensingen is well frequented.

When a lot of people are in town there is always a lot of activity at the foot of the tower. It is a particular joy to see people meeting in the old town quarter on a sunny day. The chatter and laughter rises to the top of the tower. And the tower is pleased to look down on the folk relaxing in the wine bars and cafés in the picturesque corners of the lovingly restored old town.

Many years ago (until 1773) a ducal castle stood on the highest point of the old town. It served as the residence of the widows of the house of Württemberg. Today only the castle well remains to remind us of the two winged complex. No. 17 Kirchstrasse was home to the mother of Eduard Mörike from1826 to 1832. The tower knows all the prominence of Nürtingen: from Friedrich Hölderlin to Peter Härtling and of course Harald Schmidt. It especially pleases that Peter Härtling has been an honorary citizen of the town since 2004. Another honorary citizen of Nürtingen is the artist Fritz Ruoff. The Fritz-und-Hildegard-Ruoff Trust in Schellingstrasse was founded in 2003 and is dedicated to the maintenance of the life's work of the artist Fritz Ruoff and his wife Hildegard. The Domnick Collection refers not only to Ottomar Domnick's international collection of abstract post-war painting and sculpture but also to the unusual and protected place of presentation. Man does not live from bread alone and so the council's culture dept and several independent organisations mix a colourful culture cocktail for all tastes. The civic centre K3N is the representative culture and congress centre in the heart of the town.

Looking a little further on the tower focuses on the pedestrian zone whose central point is the unmistakeable Oxen Fountain on Schiller Square. With its small parks, inviting squares and many fountains the town centre offers an enjoyable shopping flair. Window shopping and taking in the small speciality shops – here you will find all you would want. Millions have been invested in the restoration of the town centre. Numerous municipal and private investments have contributed to the present face of the town centre: an attractive town for shopping with an ideal infrastructure.

Nürtingen has a long tradition in celebrating. The May Day celebrations – the extensive school festivities – were already an event hundreds of years ago. Our town has a very important role to play at May Day; the raised flag is the sign that the parade will take place.

The population of Nürtingen is very involved in their town, and our tower greatly appreciates this. On the second Sunday of each month a stream of visitors comes by. The tower watchmen invite the visitors to take in the bird's eye view and the church is also open for a visit.

Education is the way to the future and education has a pronounced history in Nürtingen: Friedrich Hölderlin and Friedrich Wilhelm Schelling became acquainted as pupils of the Latin School which had already been in Nürtingen since 1481. Investment in the maintenance, extension and furthering of Nürtingen's institutions of learning is still a top priority. The whole spectrum of learning – from primary school to grammar school – is covered in Nürtingen. Also the smallest inhabitants are well catered for: there are 23 Kindergarten, four nurseries, day-care and school core time care and many offers for the under-3 year olds. Family orientation is important in Nürtingen.

Many years ago it was the knitting needles which clicked in Nürtingen. Nowadays it is the clicking of shoe heels on the cobbled stones of the old town quarter which rises to the top of the tower. The grey roofs also belong to the past; the cement works were closed down long ago. Nowadays international companies in the fields of engineering and electronics are based in Nürtingen. The up-and-coming service industries are also taking advantage of the excellent opportunities which Nürtingen offers.

In Nürtingen a lot has changed and will continue to change.
The tower remains what is always was – a silent observer.

CONTENTS

ÜBERBLICK
REVIEW

DELTA
germanwings

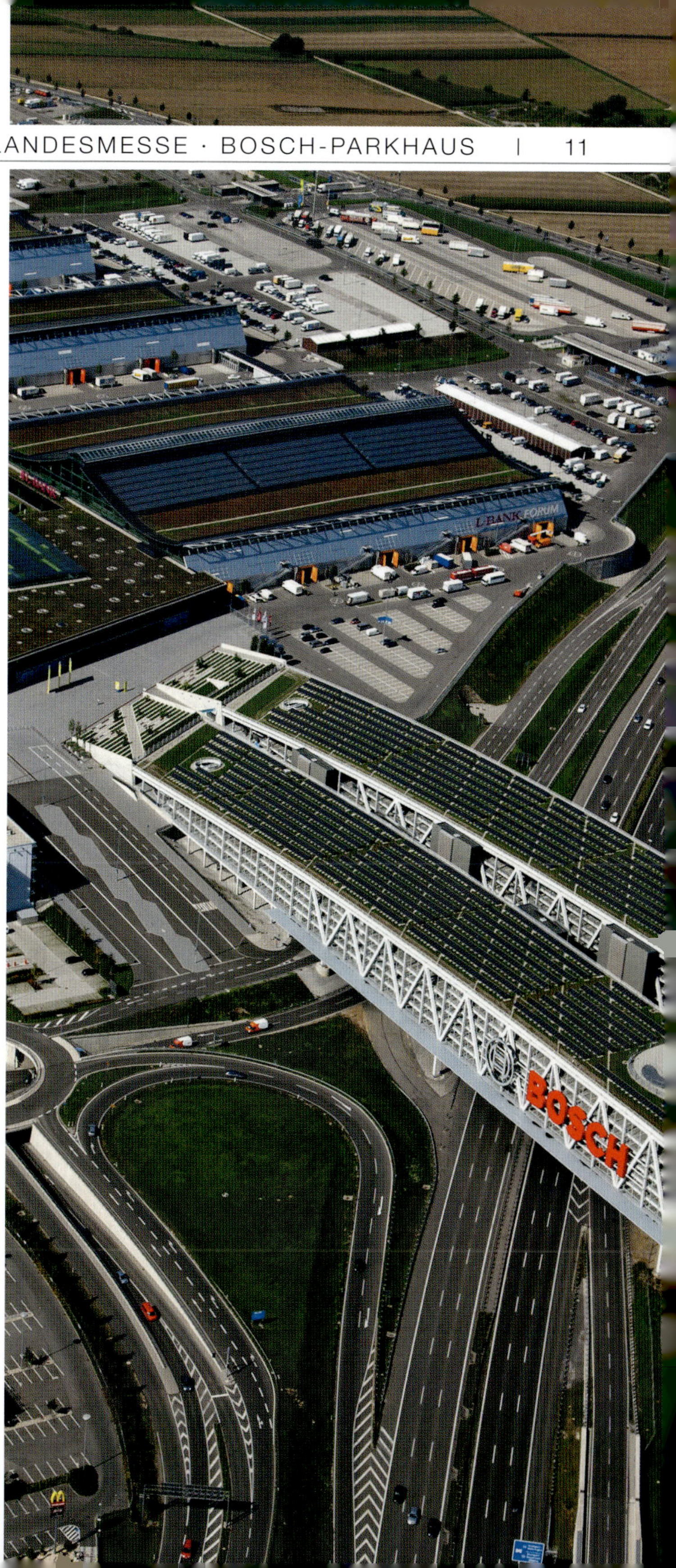
BOSCH

EINBLICK
INSIGHT

Internationale Gitarrenfestspiele Nürtingen
27.7. – 4.8.2012

STADTHALLE
K3N

Zimmermann
KONDITOREI-CAFÉ

König Ludwig Dunkel
Nürtinger Keller

Keine
Durchfahrt für
PKW

INNENLEBEN – FESTE FEIERN
INNER LIFE – REVEL

TOM TAILOR
BARMER
optik

Crêpes & Waffeln
Crêperie
Crêpes
Strohstraße
KLEIDERPFLEG

YAMAHA

ZENTRALBAR

ZENTRALBAR

JAZZ
JAZZ
JAZZ
JAZZ

KUNST UND KULTUR
ART AND CULTURE

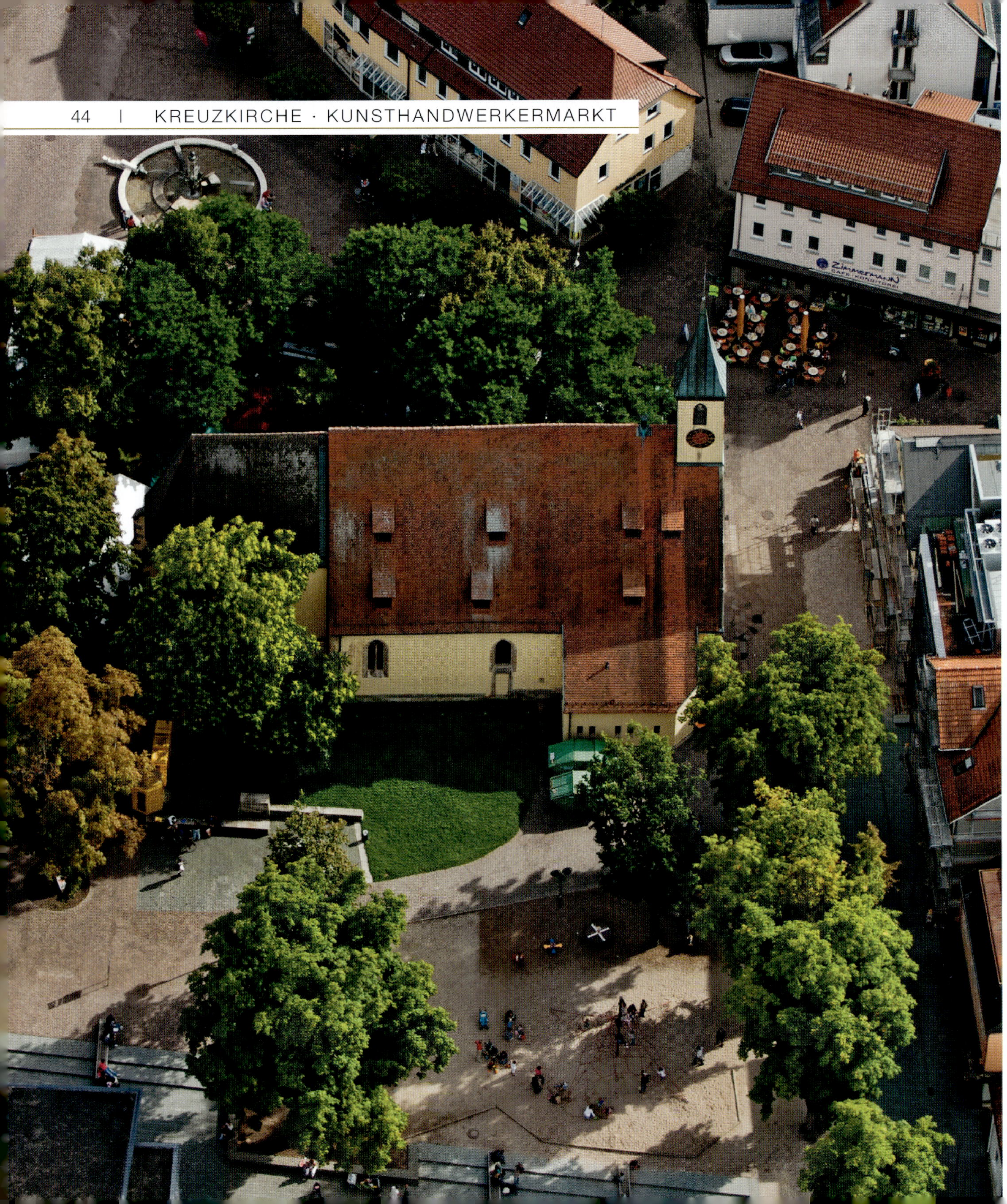

KAKAOMALEREI
Freihand gemalt nach Ihren individuellen Wünschen!

REIZEND!
Spitzen & Korsette – und was Nürtingen damit zu tun hat...
30.6. – 30.9.2012

»Zwischen Kommen
und Gehen...
...und doch bleiben«
Gastarbeiter in Deutschland
zwischen 1955–1973
Am 20. Dezember 1955 unterzeichneten die Bundesrepublik Deutschland und die Republik Italien das Abkommen »Zur Anwerbung und Vermittlung von Arbeitskräften«. Diesem folgten Verträge mit Spanien und Griechenland (1960), der Türkei (1961), Portugal (1964), Tunesien und Marokko (1965) sowie Jugoslawien (1968), bis im November 1973 die Anwerbung für beendet erklärte wurde.
In dieser 18-jährigen Phase kamen Millionen nach Deutschland, um hier ihr Glück zu suchen. Ihre Bezeichnung als »Gast-Arbeiter« schien dabei Programm zu sein: In ein bis zwei Jahren wollten sie genug Geld gespart haben, um ihre Träume und Wünsche zu erfüllen. Aus zwei, drei Jahren wurden nicht selten 20, 30 oder 40 Jahre. Es setzte ein Integrationsprozess ein, der sich über Generationen hinzog und teilweise bis heute nicht abgeschlossen ist. Dieser Prozess begann in einfachen Gemeinschaftsunterkünften, meist firmeneigenen Baracken. In der Bundesrepublik der 1950/60er Jahre dachten weder die Deutschen noch die Ausländer selbst daran, dass die angeworbenen Arbeitskräfte dauerhaft bleiben würden. Aber es kam anders. Die »Gastarbeiter« blieben, holten ihre Familien nach oder gründeten sie hier. Das fremde Deutschland wurde ihre neue Heimat und – ohne es zu wollen – ein Einwanderungsland.
Die Geschichte der »Gastarbeiter« ist bisher weder genügend dokumentiert noch ausreichend erforscht. Umso wichtiger ist es, dass ehemalige »Gastarbeiter« und ihre Familien es uns mit ihren Leihgaben, Erinnerungsstücken und persönlichen Gegenständen ermöglicht haben, eine Geschichte sichtbar zu machen, die bisher im historischen Gedächtnis der Öffentlichkeit nur wenig berücksichtigt wurde. Somit zeigt die Ausstellung »Zwischen Kommen und Gehen – und doch Bleiben« nicht nur die allgemeine Geschichte der Anwerbung von 1955 bis 1973, sondern auch Aspekte dieser persönlichen Lebenswege.
»Zwischen Kommen und Gehen – und doch Bleiben« ist unter Federführung von SWR International in Zusammenarbeit mit dem Theaterhaus und dem Stadtarchiv Stuttgart sowie der Stabstelle des Oberbürgermeisters, Abteilung Integrationspolitik, entstanden.

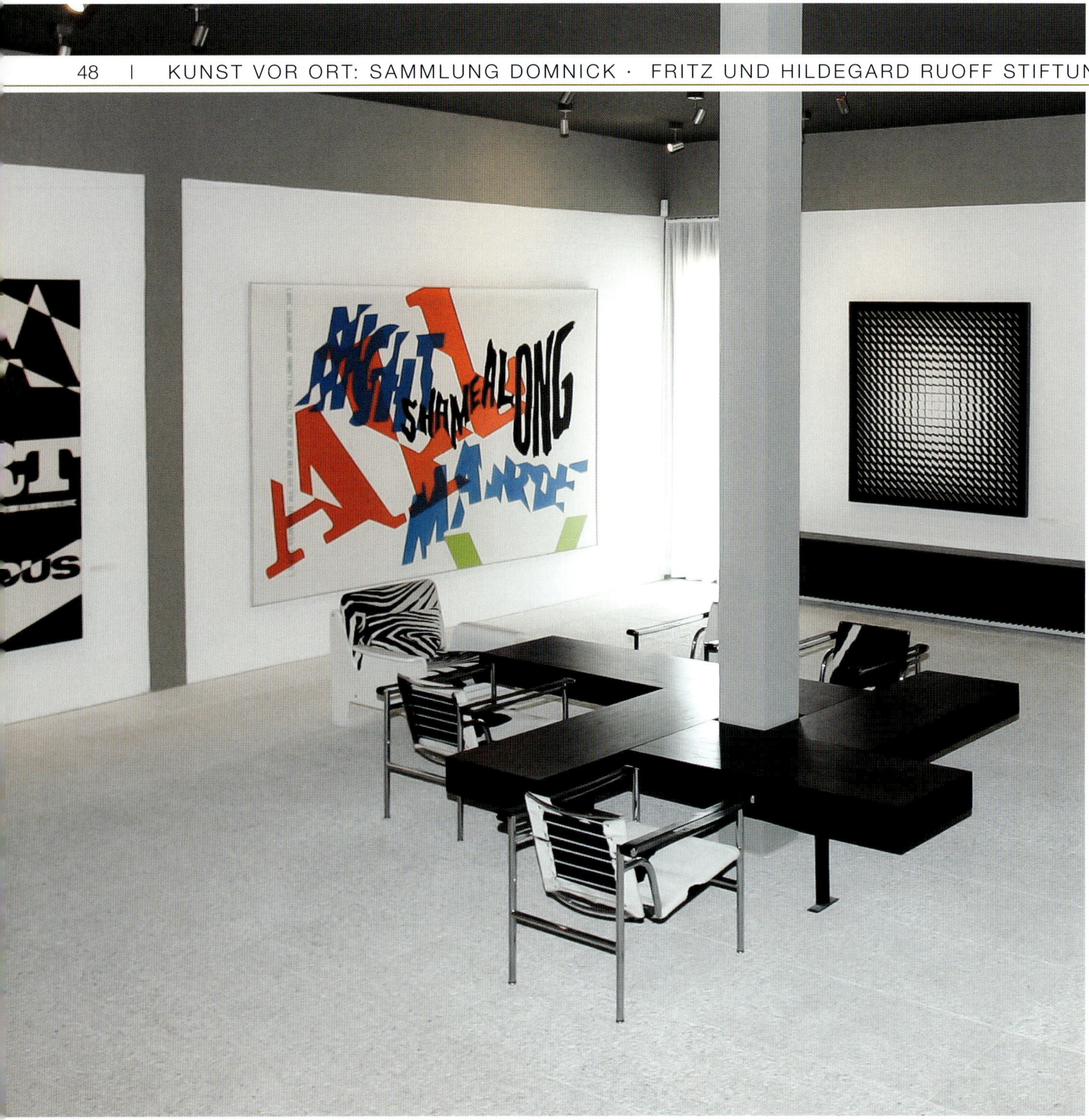

JUNG UND ÄLTER
YOUNG AND SENIOR

KINDERHAUS

Schule
Anna Haag

MÖRIKE
SCHULE

Neckarsteige 6-10

WISSEN WOLLEN
Die Erde
René Mettler
Erde

Eine Einrichtung der Behinderten-
Förderung-

ORTSCHAFTEN UND STADTTEILE
LOCALITIES AND DISTRICTS

Rathaus

FREIZEIT
LEISURE

BLEIBEN!
29

metabo
17

4
3
2

GREINER
Betonpflaster
Sennerpokal

Mul

CORE

brillengalerie
FC EBERT
FC EBERT

WIRTSCHAFT
ECONOMY

metabo

NÜRTINGEN IN ANSICHTEN
Herausgeber: Stadt Nürtingen © 2012

VERLAG
Senner Medien, Nürtingen
ISBN: 978-3-922849-32-2

TEXT
Stadt Nürtingen

BILDNACHWEIS
Cover (oben): © Regio Stuttgart Marketing- und Tourismus GmbH,
Cover (unten): © Gewinner des Fotowettbewerbs der Stadt Nürtingen: Karl-Heinz Maurer
Seiten 6, 9, 12, 13 und 44 (links): © Regio Stuttgart Marketing- und Tourismus GmbH
Seite 7: © Heinz Böhm
Seite 10: © Flughafen Stuttgart GmbH
Seite 11: © Landesmesse Stuttgart GmbH
Seiten 14 (links und Bund) und 15 (rechts unten): © Moritz Goll
Seite 17 (links oben): © Moritz Goll
Seite 18: © K3N
Seite 20 (rechts) und Seite 21 (links unten): © Moritz Goll
Seite 21 (rechts): Stadt Nürtingen
Seite 22: © Egon Kronschnabel
Seiten 46/47 (Bund) und 47 (rechts): © Stadt Nürtingen
Seite 57 (rechts): © Moritz Goll
Seite 62 (Bund): © Stadt Nürtingen
Seite 69 (rechts oben): © Stadt Nürtingen
Seite 71 (links unten): © Moritz Goll
Seite 83: © Christian Fritsche
Cover Rückseite: © K3N
Alle anderen Seiten: © Jürgen Holzwarth

GESAMTHERSTELLUNG
Senner Druckhaus GmbH, Nürtingen

STADT NÜRTINGEN